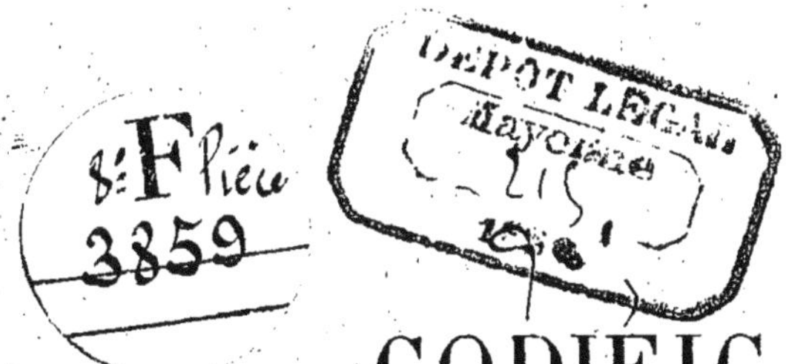

H. GUÉRANGER

CODIFICATION
des
USAGES RURAUX

ÉTUDE
SUR
L'usage obligatoire, le danger de légiférer
ET
La Révision dans les Arrondissements
de Laval et de Mayenne

LAVAL
IMPRIMERIE MAYENNAISE
44 et 46, rue Renaise, 44 et 46

1905

H. GUÉRANGER

CODIFICATION
des
USAGES RURAUX

ÉTUDE
SUR
L'usage obligatoire, le danger de légiférer
ET
La Révision dans les Arrondissements
de Laval et de Mayenne

LAVAL
IMPRIMERIE MAYENNAISE
44 et 46, rue Renaise, 44 et 46

1905

Avertissement

Propager les meilleures coutumes et mettre fin à leur diversité, telle paraît être l'idée dominante qui préside à la rédaction des recueils d'usages ruraux. Cette conception presque générale du rôle de ces codes, qui seraient des traités obligatoires de bonne culture, est inconciliable avec les dispositions législatives qui ne renvoient aux usages que pour interpréter, à défaut d'écrit, ou lorsque l'écrit est incomplet ou obscur, les conventions des parties. — Elle est, croyons-nous, sinon la seule, du moins la principale cause des difficultés de la codification et explique comment, malgré les circulaires ministérielles des 26 juillet 1844, 5 juillet 1850 et 15 février 1855, les vœux des Conseils généraux et les efforts des Préfets, un grand nombre de départements n'ont pas encore de recueils ou n'en ont que pour partie de leur territoire.

C'est cette conception erronée qui a sans doute amené M. Watrin, dans son excellent ouvrage « Code Rural et droit usuel » à émettre le vœu que le législateur confère une sorte d'authenticité aux usages ruraux, vœu auquel s'est associé M. Mazeau, le premier Président honoraire de la Cour de Cassation, qui écrit dans la Préface de ce livre :

« M. Watrin a eu l'heureuse idée de reprendre cette « question (rédaction des usages locaux) et il montre « que le but est d'arriver, non seulement à rédiger « les usages, mais encore à leur donner force obli- « gatoire. Il propose à cet effet un ensemble de mesures « déjà expérimentées dans le département d'Eure-et- « Loir et que d'autres départements ont eux-mêmes « empruntées à ce dernier.

« Ces mesures consistent principalement dans « l'organisation de Commissions cantonales présidées « par le Juge de paix, chargé de recueillir les usages « dans des cahiers et de Commissions de révision, « constituées au chef-lieu d'arrondissement, sous la « présidence du Président du Tribunal civil ; le Con- « seil général formule ensuite son avis, et les cahiers « sont publiés par le Préfet et insérés au Recueil des « actes administratifs.

« Pour donner à ces cahiers une sanction législati- « tive, M. Watrin émet le vœu que les pouvoirs « publics ne se bornent pas à l'achèvement du code « rural, dont quelques textes sont encore à l'étude, « mais qu'ils complètent leur œuvre en ordonnant la « codification des usages locaux.»

Et il ajoute :

« Sans cela on pourra achever le code rural : notre « droit rural restera néanmoins incomplet et insuffi- « sant ; on pourra rédiger nos coutumes locales : elles « manqueront toujours d'autorité et souvent de sanc- « tion.

« Que nos hommes d'Etat et nos législateurs veuil-
« lent donc bien se rendre compte du rôle et de
« l'importance du *Code rural* et des *Recueils d'usages*
« dans les campagnes ; qu'ils se mettent à l'œuvre et
« nous verrons bientôt se réaliser ces deux grandes
« et utiles réformes : *achèvement du Code rural, rédac-*
« *tion officielle des usages locaux.*

« On ne peut mieux dire et je m'associe entièrement
« à ces paroles, en souhaitant qu'elles aient le re-
« tentissement qu'elles méritent.

« Qu'il me soit toutefois permis d'y apporter un
« léger amendement. Je voudrais, comme M. Watrin,
« qu'une loi vînt ordonner la confection des recueils
« départementaux d'usages locaux, dans la forme et
« suivant la procédure qu'il préconise ; mais je dési-
« rerais de plus que le Conseil d'Etat intervînt, qu'il
« contrôlât les rédactions départementales, au point
« de vue du droit général, et qu'au lieu d'une simple
« publication par l'autorité préfectorale, ce fût un
« décret du Président de la République qui vînt, par
« une sorte de promulgation, conférer à chaque re-
« cueil authenticité et force obligatoire. »

La réalisation de ce vœu se fera probablement longtemps attendre. Quelque imparfaite que soit la loi actuelle, il faut la respecter : *Dura lex, sed lex.*

Nous avons pensé qu'il n'était pas inutile de le rappeler au moment où les commissions instituées par M. le Préfet de la Mayenne le 1er décembre 1899, vont terminer leurs travaux.

CHAILLAND, 20 Mai 1905.

I

Doit-on, dans un recueil, se borner à constater les usages existants, pour éclairer la justice ? Ou bien, ne faut-il admettre, dans l'intérêt de l'agriculture, que des usages ou règlements consacrant les meilleures méthodes ? — Enfin, dans le choix à faire des divers articles et dans leur rédaction, ne doit-on pas plutôt chercher à concilier l'intérêt de la justice avec celui de l'agriculture ? — En d'autres termes quel est le but à atteindre ?

Les réponses à ces questions trouveront naturellement leur place dans les explications suivantes, sur l'usage obligatoire, et sur l'autorité des recueils. Nous examinerons ensuite les moyens à employer et les écueils à éviter pour arriver à une codification aussi parfaite que possible, et enfin nous rendrons compte des derniers travaux de codification dans les arrondissements de Laval et de Mayenne.

II

Définition de l'Usage

L'usage local est, en droit, cette manière d'agir tournée en habitude dont parle Merlin, qui établit entre les individus des droits et obligations variables d'une localité à l'autre suivant les origines, les conditions climatériques et les besoins des populations. (Watrin). Il n'est fondé que sur le consentement tacite et ne peut s'annoncer que par des faits. (Merlin).

III

L'usage obligatoire

Les articles 1135 et 1160. C.C. disent qu'il faut s'en remettre à l'usage autant qu'a l'équité, toutes les fois qu'il s'agit d'interpréter une convention ou de suppléer à son insuffisance, et l'article 1159 C. C. que ce qui est ambigu s'interprète par ce qui est d'usage dans le pays où l'acte est passé. — Il y a dans ces articles, comme dans les articles 1557, 1558 et 1777 du C.C. une obligation de se soumettre à l'usage, écrite par le législateur, non pour imposer sa volonté, mais pour faire respecter celle des parties. — Le Juge ne pourrait, sans donner ouverture à Cassation, refuser de l'appliquer, ni, après en avoir reconnu l'existence en faire une fausse application. (Aubry et Rau, Baudry, Lacantinerie, Watrin).

Mais bien entendu, c'est aux tribunaux seuls (non d'une façon générale, mais dans les causes dont ils sont régulièrement saisis) qu'il appartient de juger en cette matière, comme en toute autre, suivant le droit commun, c'est-à-dire de prononcer si l'usage visé par un texte de loi existe réellement dans une contrée et d'en rechercher le sens et la portée (Tribunal d'Albi, 26 mars 1895.)

D'après Watrin, l'usage doit avant tout, pour être obligatoire, découler de rapports juridiques, c'est-à-dire, de faits de nature à être mentionnés par les tribunaux et ne peut, dans aucun cas, prévaloir contre la loi dont il est le complément, et la Cour de Cassation, dans un arrêt du 12 novembre 1856, a décidé que la substitution du régime de l'usage à celui de la loi doit toujours être expressément stipulée.

Il faut, écrit un auteur, que l'usage révèle de tels caractères de généralité, de continuité, d'uniformité, qu'on puisse dire sans hésitation que les parties s'y sont nécessairement référées.

Suivant Carré (*Des lois en général*) il doit être uniforme, notoire, ancien, agréé et observé par la généralité des habitants de la localité, et non contraire au bon ordre et aux bonnes mœurs. Tous les auteurs d'ailleurs, s'accordent à reconnaître qu'il doit réunir les cinq caractères différents suivants : Il doit être : 1° Uniforme ; 2° Public ; 3° Multiple ; 4° Observé par la généralité des habitants ; 5°. Réitéré pendant un long espace de temps.

Enfin l'article 671 C. C. semble avoir résumé en deux mots les conditions requises, en renvoyant, à défaut de règlements particuliers, aux usages *constants* et *reconnus*.

Les habitudes contraires à la loi, fussent-elles généralement suivies, n'ont pas le caractère d'usages *constants* et *reconnus*. (Amiens, 21 décembre 1821). Ce sont de simples tolérances.

IV

Des Recueils

On croit généralement qu'un recueil d'usages ruraux doit être, sinon une œuvre purement didactique et d'enseignement agricole, du moins une sorte de manuel du cultivateur destiné à l'éclairer sur ses droits et sur ses devoirs, mais avant tout sur les meilleurs procédés de culture et à l'obliger à les employer. Cette croyance est si répandue, qu'à une demande de renseignements sur les coutumes suivies on répond neuf fois sur dix, pour ne pas dire toujours, par l'envoi de celles qui paraissent les meilleures, sans se préoccuper de leur existence. Or, c'est là une erreur si évidente que, pour s'en convaincre, il suffit de se reporter aux articles du Code civil, plus haut cités. Ce n'est bien, on ne saurait trop le répéter, que pour arriver à une interprétation rationnelle que le législateur a renvoyé aux usages ; c'est dans un but de haute moralité et de justice ; c'est pour assurer le respect des conventions, estimant, qu'à défaut d'écrit, les parties n'avaient pu, contre toute évidence, avoir eu la pensée d'exiger rien de contraire à une pratique généralement admise.

Il ne pouvait d'ailleurs poursuivre parallèlement deux buts : l'intérêt de la justice et celui du progrès agricole, chacun exigeant des voies et moyens différents et le plus souvent contraires.

V

De l'autorité des Recueils

Nous avons vu qu'il appartient aux tribunaux seuls de constater légalement l'existence d'un usage obligatoire et d'en rechercher le sens et la portée. Par suite les Commissions de codification, quels que soient d'ailleurs les membres qui les composent, sont sans qualité pour le faire. D'autre part, elles ne peuvent pas davantage créer de nouveaux usages ni modifier en quoi que ce soit un usage établi, car ce serait faire une loi et le législateur n'a donné à personne pareille autorité et n'aurait pu la donner, car il est de principe en France que le pouvoir législatif ne peut se déléguer. Il faut en conclure que les usages codifiés ne tirent de cette forme aucune force légale, ainsi que l'a décidé la cour de Cassation le 9 Avril 1838. L'insertion d'un usage dans un code n'est que l'attestation par une commission moralement mais non légalement compétente qu'il a bien toutes les conditions à la réunion desquelles le législateur a attaché une présomption légale, c'est-à-dire : qu'il est constant et reconnu, qu'il est observé par la généralité des habitants. Lui en substituer un meilleur au point de vue de la culture serait apporter à la justice un faux témoignage, substituer la volonté de la Commission à celle du législateur, ce serait *légiférer*.

Mais si un code d'usages n'a en droit aucune autorité, aucune valeur, s'il n'est qu'un simple répertoire destiné à faciliter les recherches, il en est autrement en fait. Le public et tous les praticiens attribuent à chacun de ses articles la même force obligatoire qu'à un article de nos codes. Ils consultent les recueils, non pour y trouver de simples constatations destinées à interpréter la volonté des parties, mais des lois impératives avec leur rigidité et leur caractère absolu. Les tribunaux eux-mêmes en ordonnent presque toujours l'application rigoureuse, parce qu'étant dressés sous les auspices de l'administration supérieure et avec sa collaboration quasi-officielle, ils y voient une garantie de sincérité.

VI

Codification

L'utilité d'un recueil bien fait est trop évidente pour qu'il soit besoin de le démontrer, puisque l'usage fait loi ; mais sa rédaction offre de grandes difficultés :

D'abord il n'est pas toujours facile de distinguer au milieu de nombreuses coutumes, pratiquées à des degrés différents, celles auxquelles le législateur a attaché une présomption légale et d'en déterminer les limites territoriales, et cette difficulté vient surtout de la tendance générale signalée ci-dessus à mêler à une matière d'interprétation un intérêt agricole qui y est totalement étranger, ce qui oblige les commissions à n'accueillir que sous réserves les renseignements fournis.

Puis il faut surtout se garder d'accepter des usages qui ne seraient pratiqués que par une majorité, fût-elle importante, car ce n'est point sans de graves motifs que le législateur a imposé aux tribunaux une interprétation, en leur enlevant la faculté de tenir compte des circonstances qui d'ordinaire pèsent d'un si grand poids sur leurs décisions ; il ne pouvait exiger rien moins qu'une pratique générale, car une coutume suivie, même par une faible minorité, peut, dans certains cas, avoir été dans l'intention des contractants.

Il faut sans doute recueillir tous les usages d'un caractère obligatoire, sans aucune exception, mais, dans le doute, l'abstention s'impose, car une omission n'aurait d'autre inconvénient que de ne pas renseigner la justice qui aurait à enquêter elle-même, tandis que l'admission d'une coutume qui ne réunirait pas toutes les conditions voulues, l'égarerait.

Mais c'est surtout dans l'adoption de coutumes d'ordre technique, dans celles relatives aux détails de culture qui auront rarement l'uniformité et la généralité exigées par la loi, qu'il convient de se montrer sévère.

Il nous paraît d'autant plus nécessaire de le faire remarquer, que chaque article consacrera presque toujours une obligation nouvelle au profit du propriétaire et aura, en fait, pour conséquence de le décharger du soin de justifier ses réclamations contre son fermier. En effet, le cultivateur qui tient sa ferme constamment garnie de meubles, semences et bestiaux en quantité suffisante, qui paie régulièrement ses fermages et rend à sa sortie sa ferme en aussi bon état qu'il l'a reçue, ou en parfait état, s'il n'a pas été fait d'état de lieu, aura rempli son devoir, tout son devoir, il aura, quels que soient les modes employés, cultivé en bon père de famille, comme le veut la loi, et si son propriétaire a des prétentions contraires en lui réclamant des indemnités, ce sera à lui à en rapporter la preuve ; mais si le recueil constate qu'il est d'usage obligatoire de mettre tel engrais ou amendement, en telle quantité, traités de telle façon, d'employer tel mode de culture, etc., le fermier, eût-il pris l'initiative d'une méthode meilleure, fait un emploi plus judicieux des engrais et amendement, se verrait quand même obligé de payer une indemnité que ne manquerait pas d'arbitrer l'expert pour chaque infraction à l'usage écrit, et le tribunal, si l'affaire était portée devant lui, approuverait certainement son rapport sur la foi du recueil. Pour détruire l'effet de ce rapport, le cultivateur, bien que défendeur, sera obligé de rapporter une preuve que la loi laisse toujours à la charge du demandeur. Le propriétaire aura pour lui le recueil (c'est-à-dire aux yeux de tous la loi). Ce sera au fermier à prouver qu'en ne s'y conformant pas, il aura néanmoins cultivé en bon père de famille. La charge de la preuve, qui est le tout dans un procès, sera déplacée au profit du propriétaire contre son fermier.

VII

De la Revision dans l'arrondissement de Laval

§ Ier. — *Recueil du 12 Juin 1858*

A. — Dans sa réunion du 11 mars 1905, la Sous-Commission de l'arrondissement de Laval a décidé de suivre dans ses travaux l'ordre du recueil du 12 juin 1858. Mais là, croyons-nous, doit s'arrêter l'emprunt à faire à ce code, car la commission qui l'a élaboré, frappée sans doute des inconvénients résultant de la multiplicité et de la diversité des usages, ainsi que de certains modes de culture qu'elle considérait comme arriérés, paraît avoir vu un intérêt public à saisir l'occasion qui s'offrait à elle pour arriver à la généralisation des mêmes coutumes dans tout l'arrondissement et à imposer son idéal en fait de pratiques agricoles. Les dispositions législatives en matière d'usages étant uniquement présomptives de la volonté des parties, s'opposeraient absolument à la réalisation de son projet qui, pour aboutir, exigeait des lois impératives, car, écrit Watrin, les usages ont toujours une certaine souplesse qui autorise les tempéraments, atténuations et exceptions. Or, il lui fallait des règles absolues, ne comportant aucune exception.—Ces règles n'existant plus, elle les a faites. Au lieu de recueillir simplement, comme c'était son rôle, les usages obligatoires, elle a cru devoir s'arroger celui du législateur; aussi s'est-elle bien gardée de définir l'usage et de citer un seul des nombreux articles du Code civil qui s'y réfèrent.

La preuve que cette commission a légiféré et qu'elle l'a fait avec intention se trouve dans sa composition même, la valeur indiscutable de tous ses membres dont plusieurs étaient des magistrats versés dans la science du droit, ne permet pas de supposer qu'elle ait agi par ignorance de la loi, et leur parfaite honorabilité, qu'ils aient pu apporter à la justice pour l'éclairer des affirmations même téméraires et *a fortiori* mensongères. C'est pourtant ces attestations que l'on rencontrerait dans la plupart des articles du recueil, si ses auteurs avaient entendu les donner comme des usages constants et reconnus au moment de leur publication et non comme des règles qu'ils proclamaient obligatoires pour l'avenir.

Exemple :

1° L'article 58 est ainsi conçu : « A moins de stipulation contraire, les bestiaux autres que les mâles destinés à la reproduction, et les animaux d'une valeur exceptionnelle restent sur le lieu au compte du propriétaire ou du fermier successeur qui rembourse au fermier sortant la totalité ou la part à laquelle celui-ci a droit, sur estimation, faite au cours du moment. La ferme doit alors, comme auparavant, être garnie de bestiaux nécessaires à son exploitation. »

Ainsi, même le fermier, à prix d'argent, doit, d'après cet article, laisser ses bestiaux sur la ferme qu'il quitte moyennant un prix fixé par expert.

Ce prétendu usage n'existait certainement pas alors dans les cantons d'Evron et de Sainte-Suzanne, ni dans une grande partie de celui de Meslay, puisque aujourd'hui, après bientôt cinquante ans, non seulement il n'est jamais pratiqué, mais il n'y est même pas connu. Ilne pouvait exister à l'état d'usage constant et reconnu (si tant est qu'il existât quelque part, avec ses caractères d'ancienneté et de généralité) que dans les deux cantons de Laval où il paraît avoir été établi par la commission de codification de 1843, puisque le recueil de 1840 n'en fait pas mention. Si l'on considère que dans les deux cantons de Laval, la grande majorité des terres sont cultivées à colonie partiaire, on arrive à cette conclusion qu'en 1858 l'usage de l'article 58, que le recueil présente comme général, n'était pratiqué que par une infime minorité des fermiers de l'arrondissement.

2° L'article 62 porte que le fermier entrant au 23 avril a le droit de faire tous les grains de printemps l'année de son entrée ; or, en 1858 c'était le fermier sortant qui faisait ces ensemencés, comme cela se fait encore dans la Sarthe et dans les communes de l'arrondissement de Laval qui la joignent.

3° Enfin il n'est ni vrai ni vraisemblable que tous les usages règlant les menus détails de culture portés dans les différents articles du recueil fussent suivis, sans aucune exception, dans tout l'arrondissement au moment de la codification. Il suffit de se rappeler ce qu'est l'usage pour se convaincre qu'il ne s'arrête jamais à la limite exacte d'une division administrative et que dans le voisinage d'une localité où existent des usages contraires, aucun n'est suivi par la généralité des habitants.

Enfin s'il fallait d'autres preuves que la commission

a légiféré, nous la trouvons encore dans les déclarations qu'elle a faites elle-même dans les articles 39 et 103, ci-après :

Art. 39. — Le fermier sortant qui n'a pas reçu de fourrages artificiels à son entrée, ne peut réclamer d'indemnité pour raison de ceux qu'il doit laisser d'après l'article 38, s'il est entré avant l'année 1843 ; il n'a droit non plus à aucune indemnité, s'il est entré postérieurement, comme ayant succédé à *titre héréditaire* à un fermier entré avant la dite année 1843.

Art. 103. — Lorsqu'à son entrée un fermier a été privé de quelques-uns des avantages que l'usage le contraint à laisser à son successeur, il en est indemnisé à sa sortie par le propriétaire, sauf l'exception contenue à l'article 39.

B. — Non seulement la commission dont il s'agit a légiféré en créant des règles obligatoires qui n'étaient pas de sa compétence, mais encore en prenant des dispositions qui paraissent contraires à la loi.

D'abord l'article 6 porte :

Art. 6. — Tout fossé séparatif d'un autre héritage est établi et entretenu de manière à faciliter l'écoulement complet des eaux du fond supérieur. Il a un mètre d'ouverture y compris le pas de bœuf, 28 cent. au fond, et si cela est possible, jusqu'à un mètre de profondeur. — Ce fossé emporte toujours, qu'il s'agisse de terres arables, pré ou jardin, une bande de terre appelée *pas de bœuf* large de 17 cent. destinée à soutenir les terres de l'héritage voisin et à faciliter sa culture...

En cas de suppression de la clôture ce pas de bœuf revient de droit au propriétaire du fossé, mais tant qu'elle existe, l'usage en permet le parcours et le pâturage exclusif au propriétaire limitrophe.

L'usage autorise ce propriétaire, lorsqu'il veut faire une haie perpendiculaire audit fossé, *à continuer la clôture dans le fossé* jusqu'à la haie dont il dépend au moyen d'une petite barrière en bois ou épines, ou même *en prolongeant sa haie*, mais, dans ce cas, à la charge d'y pratiquer au besoin un petit canal pour l'écoulement des eaux et de garnir le prolongement de cette haie d'épines noires afin d'empêcher tout passage d'une propriété sur l'autre.

Les mesures prescrites par cet article bien que très sages, sont contraires à la loi. — Nous ne connaissons aucun texte obligeant un propriétaire à souffrir que son voisin établisse une haie dans son fossé et fasse paître et parcourir une parcelle, tant petite soit-elle, de son domaine, peu importe qu'il y ait clôture ou non, puisque la clôture est facultative.

Ce n'est d'ailleurs pas seulement le pas de bœuf, mais c'est le fossé et même le talus de la haie tendu de son côté que fait paître et parcourir le voisin, et cela dans tous les pays de clôture, et l'on peut se demander pourquoi la commission a fait une distinction que rien ne justifie, en affectant seulement, de sa propre autorité, d'une servitude légale, le pas de bœuf.

Les pratiques dont s'agit ne sont que des tolérances, des habitudes contraires à la loi qui ne peuvent jamais constituer des usages constant et reconnus comme l'a décidé l'arrêt de la Cour d'Amiens plus haut cité.

L'aritcle 58 nous paraît aussi illégal :

Nous empruntons pour le prouver les arguments qu'ont fait valoir nos deux anciens confrères, Me

Thuau, notaire à Meslay et Me Ramard, notaire à Laval, le premier dans une brochure parue en 1901 et le second dans son rapport à la sous-commission du canton-Ouest de Laval en 1902.

La convention qu'il contient peut être considérée soit comme une vente définitive, réalisable à terme dont le prix doit être fixé par expert, soit comme une extension du droit de gage du propriétaire, une manière plus facile de le réaliser et en même temps d'en assurer la continuité. — Si, comme Me Thuau, on y voit une condition du bail, une modalité affectant la restitution et la conservation du gage, elle constitue le pacte commissoire interdit par l'article 2078. C.C. — Si, comme le soutient Me Ramard, elle est une vente à terme, dont le prix sera fixé par expert, elle est nulle, faute de désignation de l'expert (art. 1592 C.C.,) comme renfermant une condition potestative, chacune des parties ayant la faculté de se refuser à se prêter à une estimation, car les tribunaux ne peuvent se substituer à la volonté des parties qui ont seules droit de fixer le prix et de désigner qui le fixera (arrêt de Limoges 4 Avril 1826).

Nous estimons même qu'en modifiant le texte dans ce sens, qu'à défaut de l'une des parties de choisir l'expert, le juge de paix le désignerait, cette modification ne le rendrait pas valable, attendu que ce prétendu usage ne s'est jamais exercé sous cette forme, et que d'ailleurs, comme l'a décidé la Cour de cassation, la substitution du régime de l'usage à celui de la loi doit toujours être expressément stipulée.

On a dit que le cultivateur était toujours libre de demander à insérer une clause dérogative à cet usage. Sans doute, mais pourquoi l'obliger à faire cette réserve plutôt que celle de son matériel, et des effets composant sa garde-robe ? Il reste dans le droit commun en conservant la propriété de ses meubles et bestiaux ; c'est au propriétaire qui exige un privilège à songer à le stipuler.

On a prétendu enfin que le propriétaire n'avait pas ou peu d'intérêt dans cette question qui était à débattre entre fermiers, entrant et sortant.

Cette prétention ne nous paraît pas exacte :

Aux termes de l'article 1719 C.C. le bailleur est obligé par la nature du contrat de délivrer au preneur la chose louée (c'est-à-dire la terre avec les bestiaux qui la garnissent si tant est que l'usage le veuille ainsi), de l'entretenir et d'en faire jouir le preneur.—Les fermiers entrant et sortant ne peuvent rien se réclamer réciproquement, car il n'y a entre eux aucun lien de droit. Où pourrait-on en voir un ? Ce n'est pas dans une convention, puisqu'il n'en existe pas, entre les deux fermiers ; ce n'est pas dans un article d'un recueil, puisque, comme nous l'avons vu, ces articles n'ont aucune valeur légale ; ce n'est pas davantage dans l'usage lui-même, fût-il d'une application évidente dans l'espèce, puisque le tribunal, seule autorité qui ait qualité pour le reconnaître, ne s'est pas prononcé. Toute action directe du fermier entrant contre le sortant, et réciproquement, relativement à l'application des usages est irrecevable. Par suite, le propriétaire reste seul intéressé tant au regard du fermier entrant que du fermier sortant.

§ 2e *Recueil des cantons d'Evron et de Ste-Suzanne arrêté le 21 octobre 1881*

Il contient seize articles que nous avons publiés dans *Mayenne-Journal*, le 17 novembre 1901.

Nous relevons :

1° Art. 11. — Le fermier sortant à ferme a droit d'enlever tous ses bestiaux après avoir acquitté intégralement le prix de ferme ; mais cette clause n'est applicable qu'au fermier à prix d'argent et non à celui à colonie partiaire ; — 2° (à la suite de l'article 16). — Nota. — Les articles des usages ruraux de l'arrondissement de Laval resteront toujours applicables pour tout ce qui n'est pas contraire à ce qui est indiqué ci-dessus.

Le procès-verbal est signé de MM. Cavellet de Beaumont, Leroy et Busson, propriétaires-agriculteurs, Foucher et Trouillard, agriculteurs, Guitton, Coubard, Desforges et Roche, experts ; Desnos, Janvier, Vovard et Pinot, cultivateurs (le premier colon partiaire, et les trois autres fermiers).

Cette commission aussi a légiféré, car elle n'a pas jugé bon de consigner une exception pour la commune de Vimarcé, qui suit en partie les coutumes du canton de Sillé.

§ 3° *De la Révision actuellement à l'étude*

Nous venons de parcourir les diverses pièces du dossier concernant la revision dans l'arrondissement de Laval, comprenant plusieurs brochures publiées à cette occasion : rapport de la Chambre des notaires, rapport et contre-rapport de la Compagnie des experts, rapports aux comices agricoles, etc.

Nous avons constaté :

1° Qu'on se reproche réciproquement, très justement d'ailleurs, de légiférer.

2° Qu'on ne motive jamais une proposition par l'existence d'une coutume différente, mais par le meilleur résultat qu'on en espère au point de vue du progrès.

3° Que, comme la commission de 1858, tous les rapports concluent à la généralisation des anciens usages dans l'arrondissement, sans exception aucune.

4° Qu'ils tendent à régler, comme l'a fait cette commission, l'exploitation du fermier, dans ses plus petits détails, sur lesquels d'ailleurs on n'est pas d'accord, en lui enlevant toute liberté, toute initiative.

5° Qu'aucun cultivateur ne fait partie de commissions qui s'arrogent le droit de tracer les règles de sa profession et de l'obliger à les suivre.

Nous comprenons que la commission de 1881 ait légiféré en formulant des règles de bonne culture, car elle se composait de cinq propriétaires cultivant leurs terres ou agriculteurs, de quatre fermiers et de trois experts des deux cantons, mais les commissions actuelles ne paraissent pas présenter les mêmes garanties pour faire de l'agriculture pratique, pas plus que celle de 1858 qui se composait de trois magistrats, d'un notaire et de deux grands propriétaires.

A un autre point de vue, il nous paraît regrettable que les commissions dont s'agit, au lieu de rester dans leur rôle qui est de faire de simples constatations, comme auxiliaires de la justice, en sortent pour faire des règlements entre propriétaires et fermiers et établir leurs droits et devoirs réciproques. Car si ces Commissions ne comptent pas un seul cultivateur, le propriétaire y est largement représenté : il l'est par son expert; nous l'y retrouvons comme conseiller général, maire, président du comice agricole, etc. Il y est législateur, juge et partie. Or, il y a un vieil adage qui prétend qu'on n'est pas bon juge dans sa propre cause. N'est-il pas à craindre qu'on accuse les commissions, bien à tort assurément, d'avoir fait pencher la balance du côté du propriétaire, comme on en a accusé la commission de 1858 ! Nous le croyons. N'a-t-on pas bien, aussi injustement, à propos de l'article 58, accusé notaires et experts de se laisser guider par leurs intérêts respectifs, alors que l'intérêt des uns comme des autres est insignifiant ?

La disparition de cet article diminuerait bien peu le nombre des estimations des experts et augmenterait encore moins celui des adjudications de bestiaux, car dans notre arrondissement, le fermier sortant a pris la bonne habitude de vendre ses bestiaux en foire ou tout au moins la plus grande partie.

Nous n'entendons pas d'ailleurs discuter la valeur des réformes qu'on propose : nous les voulons croire excellentes, mais elles n'ont pas leur place dans un recueil destiné à renseigner la justice. Si les commissions tiennent néanmoins à les y mettre, parce qu'elles seraient plus sûrement connues des cultivateurs et mieux à leur portée, nous ne voyons, pour rester dans la loi, que le moyen que nous avons proposé dans l'arrondissement de Mayenne : Diviser leurs travaux en deux parties : l'une ne comprenant que les usages réunissant les cinq caractères auxquels le législateur a attaché la force obligatoire ; l'autre, les meilleurs usages susceptibles d'être généralisés dans tout l'arrondissement, avec une note invitant propriétaires et fermiers à se référer dans leurs baux à cette dernière partie.

VIII

Revision dans l'arrondissement de Mayenne

La commission de revision de l'arrondissement de Mayenne a arrêté les différents articles de son recueil, (qui était entièrement terminé, ce qui rendait toute discussion inutile) conformément aux conclusions de son rapporteur notre distingué collègue, dans sa réunion du 17 juin 1901.

Elle a adopté, avec de légères modifications présentées par les experts, les usages ruraux arrêtés le 28 novembre 1880 par la Société d'Agriculture de l'arrondissement de Mayenne et que cette Société a réussi à faire appliquer par la généralité des cultivateurs des deux cantons de Mayenne.

Nous estimons que cette Société a fait une œuvre excellente et obtenu un beau résultat par les moyens les plus légitimes, car un avis placé sur la couverture de son recueil prévient propriétaires et fermiers, que pour qu'ils y soient soumis, il est indispensable qu'ils s'y réfèrent dans leurs baux ; mais que la commission de codification en a fait une mauvaise en se l'appropriant et en le présentant, contre toute vérité, comme étant suivi dans tous les autres cantons. — Elle a profité de sa mission quasi-officielle pour imposer à ces cantons des coutumes qui ne sont pas les leurs et a substitué ainsi sa volonté à celle du législateur. — Nous ne pensons pas que cette espèce de contrainte à laquelle elle a cru devoir recourir ait la même efficacité que la persuasion dont s'est servie la Société d'Agriculture.

En présidant la sous-commission du canton de Couptrain le 19 août 1900, nous avions voulu mettre nos collègues en garde contre le danger de légiférer et fait publier notre discours dans *Mayenne-Journal* le 26 août, dans le but de provoquer la manifestation des opinions contraires, mais nous n'avons connu de contradicteur que le 17 juin 1901 par la lecture du rapport qui a paru dans *Mayenne-Journal* le 23 juin

1903. Il est entièrement consacré à la réfutation des idées que nous avons émises à Couptrain et que nous avons soutenues dans deux articles parus dans le même journal le 7 juillet, et le 17 novembre 1901.

Nous ne reviendrons pas sur ces discussions ; mais nous croyons utile de faire connaître sur les questions qui en ont été l'objet, l'opinion d'un jurisconsulte d'une compétence indiscutable, M. Jacquey, le savant professeur de droit à l'Université de Lille, directeur de la « Revue des Justices de Paix » auquel nous avons envoyé notre discours du 19 août 1900.

Nous transcrivons sa réponse, telle qu'elle a paru dans la Revue qu'il dirige page 80, année 1902 :

DE LA CODIFICATION DES USAGES LOCAUX

A l'occasion de l'ouverture des travaux de la sous-commission cantonale chargée de codifier les usages locaux du canton de Couptrain (Mayenne) son président, M. le Juge de Paix Guéranger, a prononcé un discours que nous aurions été d'autant plus heureux de reproduire, qu'il corrobore et complète notre dissertation sur les usages locaux dans la législation rurale (Revue des Justices de Paix 1889, 1 et 41). — Faute de place, nous ne pouvons en publier que les passages les plus importants pour l'édification de ceux de nos lecteurs qui seraient appelés à jouer un rôle dans la codification des usages de leurs cantons.

M. Guéranger commence par constater le désir exprimé par plusieurs membres des sous-commissions du département de voir rédiger un code qui simplifierait et uniformiserait les usages du département, sauf quelques règles restant spéciales aux cantons, code que les tribunaux n'auraient qu'à appliquer.

Puis au nom des principes juridiques, il présente les observations suivantes :

Messieurs,

Malheureusement ce beau projet n'est pas réalisable car il suppose à la commission départementale et aux sous-commissions le pouvoir de légiférer qui est uniquement du ressort des Chambres. Voilà pourquoi il n'appartient à personne de créer des usages nouveaux, d'en importer d'une contrée voisine, ni de modifier en quoi que ce soit, par un règlement, ceux existants. On ne saurait non plus les renfermer dans les limites d'une division administrative comme celles d'un département ni même d'une commune. — Ainsi je pourrais citer une commune où il existe des usages absolument contraires : une moitié à peu près suit les usages d'un canton du département voisin ; l'autre suit l'usage de son canton ; dans une moitié de la commune tout fermier entrant au 23 avril fait les ensemencés de printemps, dans l'autre moitié, c'est le fermier sortant.

On ne peut que constater ces usages dans leurs diversités sans rien changer.

Si le code admet, pour des cas déterminés, et spécialement dans les rapports de fermier à propriétaire, des usages locaux pour le compléter et qui ont de la sorte force de loi, c'est à condition qu'ils soient bien établis, qu'ils existent depuis un temps immémorial, qu'ils soient agréés et suivis par la généralité des habitants, c'est-à-dire, qu'ils soient constants et reconnus. (Code Perrin).

C'est donc bien à leur caractère d'usages réellement suivis, et rien qu'à ce caractère, qu'est attachée leur autorité, leur valeur légale et le législateur ne pouvait déléguer à personne le droit de les modifier.

En s'y référant pour des matières qu'il ne pouvait régler à cause de leur nature essentiellement changeante, de différences de temps et de lieux, le législateur a eu en vue d'assurer *avant tout* le *respect des conventions.* Il a pensé avec raison que, par exemple, dans une contrée où tout cultivateur entrant au 23 avril, fait les ensemencés de printemps, un fermier de cette contrée ne pourrait le faire l'année de sa sortie, à moins de prouver qu'il ne les a pas faits à son entrée.

Aussi l'arrêté préfectoral ne nous a pas donné et ne pouvait pas nous donner la mission d'établir des usages nouveaux ni de modifier les anciens, mais celle d'étudier et de réunir les usages bien établis, soient qu'ils s'étendent à notre canton tout entier, ou qu'il ne soient suivis que dans une ou plusieurs communes ou partie de commune.

Ainsi limité, notre rôle ne laisse pas d'être très important et d'offrir de grandes difficultés : il exige une attention soutenue, des recherches sérieuses.

D'abord, il importe de remarquer que pour être obligatoire, l'usage ne doit pas être contraire à la loi. Ainsi les habitudes simplement tolérées n'ont pas ce caractère, telle celle de laisser au voisin la faculté de serrer les feuilles de la haie et du fossé du côté de sa pièce de terre, et de ne passer dans cette pièce de terre pour ramasser les feuilles que l'année où la haie est faite et le bois taillé.

Me paraît également illégal comme statuant sur une question de propriété réglée par le Code, l'article 58 du recueil des usages ruraux de l'arrondissement de Laval, portant sous la rubrique : Usages ruraux applicables aux deux modes de culture (c'est-à-dire à prix d'argent et à colonie partiaire) : « Les bestiaux restent sur le lieu au compte du propriétaire ou du fermier successeur qui rembourse au fermier sortant la totalité ou la part à laquelle celui-ci a droit, son estimation faite au cours du moment.

Ensuite, il ne sera pas toujours facile de nous assurer si un usage est bien établi, suivi par la généralité des habitants, s'il est enfin constant et reconnu et de fixer ses limites.

Ainsi, j'ai entendu soutenir par des hommes d'affaires d'une compétence incontestable, que l'usage consacré par l'article 58 ci-dessus rapporté était généralement suivi dans toute l'étendue de l'arrondissement de Laval. Or, pendant 26 ans que j'ai exercé le notariat dans deux cantons de cet arrondissement, où j'ai procédé peut-être à 150 ventes mobilières après cessation de culture, je n'ai rencontré que deux propriétaires à s'autoriser de cet article et un seul persiste. Je ne puis considérer comme constant un usage qui ne s'exerce qu'une fois sur 150 et me refuse à le considérer comme reconnu, lorsque l'une des parties le subit si exceptionnellement et uniquement parce qu'un procès serait pour elle la lutte du pot de terre contre le pot de fer.

Après avoir défini le rôle des commissions, laissé entrevoir les difficultés de leur tâche, je vais essayer d'établir qu'elles ne doivent pas en sortir, non seulement parce qu'elles n'en ont pas le droit, mais encore parce qu'en le faisant, en empiétant sur le domaine législatif, ou en présentant comme suivis des usages qui ne le sont pas, elles feraient une œuvre dangereuse, dépourvue de toute autorité et nuisible aux intérêts agricoles qu'elles ont à cœur de servir. — Enfin que c'est en se conformant à la loi et à la vérité qu'il leur sera facile d'arriver le plus promptement et le plus sûrement à la propagation des meilleurs usages et à leur généralisation.

Par une circulaire du 26 juillet 1844, le Ministre de l'Intérieur signala aux Conseils généraux l'utilité qu'il y aurait à former un recueil des usages ruraux de chaque département.

A la suite de cette circulaire, les préfets prirent des arrêtés et nommèrent des Commissions comme vient de le faire M. le Préfet de la Mayenne. C'est l'origine des nombreux recueils existant dans les départements.

Les articles qu'ils contiennent ont-ils force obligatoire ?

Oui, ont répondu certains auteurs et quelques décisions judiciaires.

Dans un article paru dans le *Moniteur des Juges de Paix* en 1894, j'ai soutenu le contraire. Je ne le pense pas, parce que les Commissions, qui n'ont pas le pouvoir de faire des lois, ainsi qu'il est dit plus haut, n'ont pas davantage qualité pour constater légalement l'existence de tel ou tel usage. — Ces constatations sont du domaine exclusif du pouvoir judiciaire et appartiennent aux Juges de Paix et aux tribunaux de première instance suivant les cas.

Un recueil d'usages, quel qu'il soit, ne constitue qu'un répertoire destiné à simplifier les recherches. Il peut être modifié par un nouvel usage et ne saurait lier que jusqu'à preuve contraire.

Sans doute, s'il est parfait, s'il ne contient que des usages présentant tous les caractères indiqués pour avoir force de loi, s'appliquant bien aux localités qu'il indique, si, en un mot, ses constatations sont absolument conformes à la vérité, il aura, tant qu'aucun de ces usages n'aura pas été modifié par le temps et les circonstances, l'autorité du Code lui-même. Mais, si à côté d'usages réellement suivis, il présente comme tels des usages qui ne le sont pas, s'il est contraire à la réalité des faits, au lieu d'un guide sûr, il devient un danger pour les tribunaux dont il peut fausser les décisions.

Voilà la doctrine de la majorité des auteurs sur la valeur, sur l'autorité des recueils. L'un d'eux dont la compétence en cette matière est connue, M. Carré, enseigne qu'un usage allégué, fût-il appuyé d'un acte de notoriété émané d'un tribunal, ou d'une commission cantonale, composée de magistrats et de notables en exécution d'une instruction ministérielle, ne peut être considéré comme pouvant suppléer au silence de la loi, qu'autant qu'il présente les qualités que nous avons indiquées plus haut,et il ajoute:«C'est ce que la « Cour de Cassation elle-même a reconnu par arrêt « du 9 avril 1838, en refusant de donner force de « loi à un usage qui ne réunissait pas les conditions « d'uniformité et de publicité ».

Ont peut dire que le degré de vérité, de perfection d'un recueil de ce genre, donne la mesure de son autorité !

LAVAL, IMP. MAYENNAISE, RUE RENAISE

www.ingramcontent.com/pod-product-compliance
Ingram Content Group UK Ltd.
Pitfield, Milton Keynes, MK11 3LW, UK
UKHW021030200726
13857UKWH00004B/1688